POEMAS DE
Paixões
E COISAS PARECIDAS

José Carlos Vieira

POEMAS DE *Paixões* E COISAS PARECIDAS

ILUSTRAÇÕES DE

Carmen Santhiago e
HQ de Kleber Sales

GERAÇÃO

1ª edição – Setembro de 2013

Grafia atualizada segundo o Acordo Ortográfico da Língua Portuguesa
de 1990, que entrou em vigor no Brasil em 2009

Editor e Publisher
Luiz Fernando Emediato

Diretora Editorial
Fernanda Emediato

Produtora Editorial e Gráfica
Priscila Hernandez

Assistente Editorial
Carla Anaya Del Matto

Capa e Projeto Gráfico
Alan Maia

Diagramação
Kauan Sales

DADOS INTERNACIONAIS DE CATALOGAÇÃO NA PUBLICAÇÃO (CIP)
(Câmara Brasileira do Livro, SP, Brasil)

Vieira, José Carlos
Poemas de paixões e coisas parecidas / ;
ilustrações Carmen Santhiago e HQ de Kleber Sales.
-- São Paulo : Geração Editorial, 2013.

ISBN 978-85-8130-203-4

1. Histórias em quadrinhos 2. Poesia brasileira
I. Santhiago, Carmen. II. Sales, Kleber.
III. Título.

13-09764 CDD: 741.5

Índices para catálogo sistemático

1. Histórias em quadrinhos 741.5

GERAÇÃO EDITORIAL

Rua Gomes Freire, 225 – Lapa
CEP: 05075-010 – São Paulo – SP
Telefax: (+ 55 11) 3256-4444
Email: geracaoeditorial@geracaoeditorial.com.br
www.geracaoeditorial.com.br
twitter: @geracaobooks

Para Jorge Ferreira,
in memorian

Apresentação

José Carlos Vieira batuca nas teclas para exercer o ofício de jornalista sempre atento em não deixar que o "uso profissional das palavras" vire vício mecânico. Não perde o abuso emocional da palavra quando amiga da linguagem. Volta Zé, em seu dom de ser doce, sem perder o amargo lirismo que rumina a crueza do toque instantâneo do cotidiano.

O rock do Zé não enrola e quer sempre ferir a carne lacerada por amores. O rock do Zé tem ritmo bebop de métrica, pontas de cooljazz na construção formal, dissonâncias psicoelétricas e respingos do mais embriagado bolero quando o sentimento insiste e prefere se jogar na vida para abrir novos cortes. Jamais colecionar cicatrizes.

Esse cotidiano comentado pelo sentimento range feito vinil tinto de vinho. Crepita nas ranhuras da palavra sem deixar também de fluir digital quando lambe-lambe o seu modo singular de beat-hai-kai: estou aqui pra quem não está nem aí! O poeta faz de conta ser punk aposentado só para disfarçar a fúria enjaulada. Descarrega quando menos a esperam.

Na ponta da provocação tem sempre uma "ela" – passageira, ocasional, no entanto merecedora da entrega apaixonada quando a eternidade dura alguns minutos; ela passarela dos desatinos sob controle; ela ponte de prazer ou trava tramela, mas, sempre ela feita de tantas outras elas. Entre pernas o pornô goza o parnaso. Zé não tem zelo por estilos rígidos. É um cara de ritos temperados por sacras orgias. "Quer transar eu transo, quer dançar, eu danço." Pro que der e vier, sem perder a nervura.

Faz tempo que a poesia saltou na cama elástica do jogo e se refez em muitas facas. O verbo corta não para ampliar universos. Retalha para mostrar, em concisa cumplicidade, que tem uma alma suando pelos dedos. Poros abertos ao sol contra porões obscuros das melosas vítimas sentimentais: "Para uma plateia de medíocres, só os medíocres sobrevivem tanto nessa vida".

Entre "pequenos suicídios diários", José Carlos Vieira não permite que a poesia role frouxa como jogada fácil de oportunistas malabares de ocasião: tece, devagar, para acontecer quando a tal mediocridade vacilar no controle da narcose geral e um raio de lume furar o bloqueio.

Até lá dorme "sem camisa/embrulhado em sua pele/que arrepia/toda vez que mexo/com a língua..." E levanta a rapaziada:

"Aumenta o silêncio aí! quero dançar com meus mortos..." Lembranças não são lambanças arrastadas, chororô xerox, a memória da pele reforça a vida que precisa ser reinventada.

Pela poesia do Zé, por exemplo! Na verdade, não temos um nome a zelar, mas um sonho a zerar...

TT Catalão, poeta e jornalista

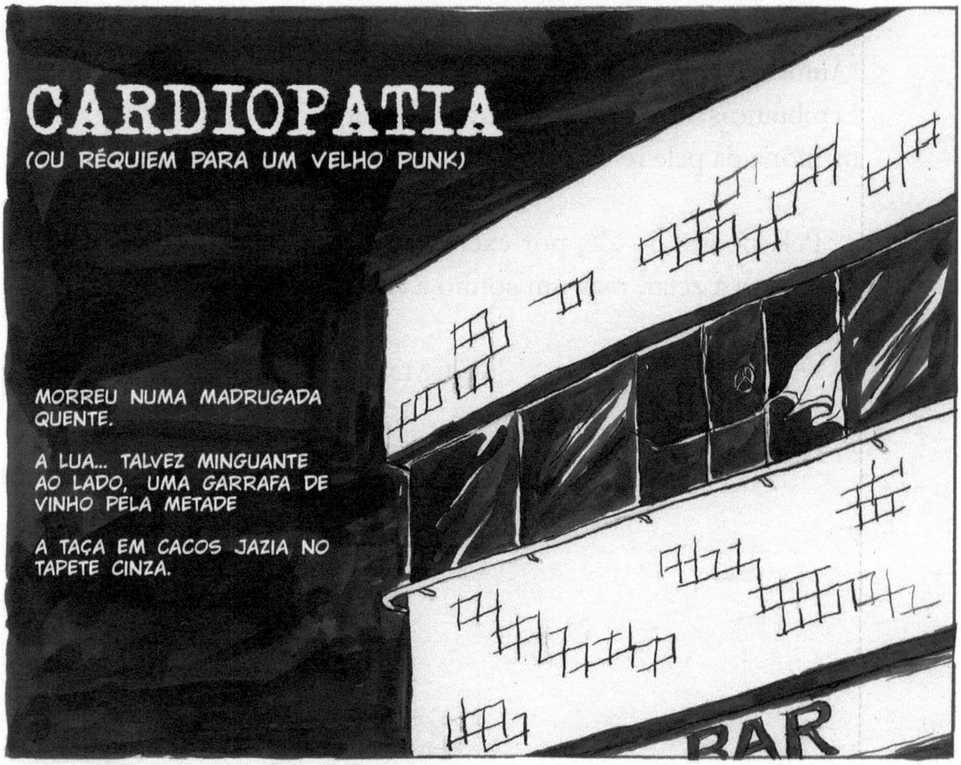

CARDIOPATIA

(OU RÉQUIEM PARA UM VELHO PUNK)

MORREU NUMA MADRUGADA QUENTE.

A LUA... TALVEZ MINGUANTE AO LADO, UMA GARRAFA DE VINHO PELA METADE

A TAÇA EM CACOS JAZIA NO TAPETE CINZA.

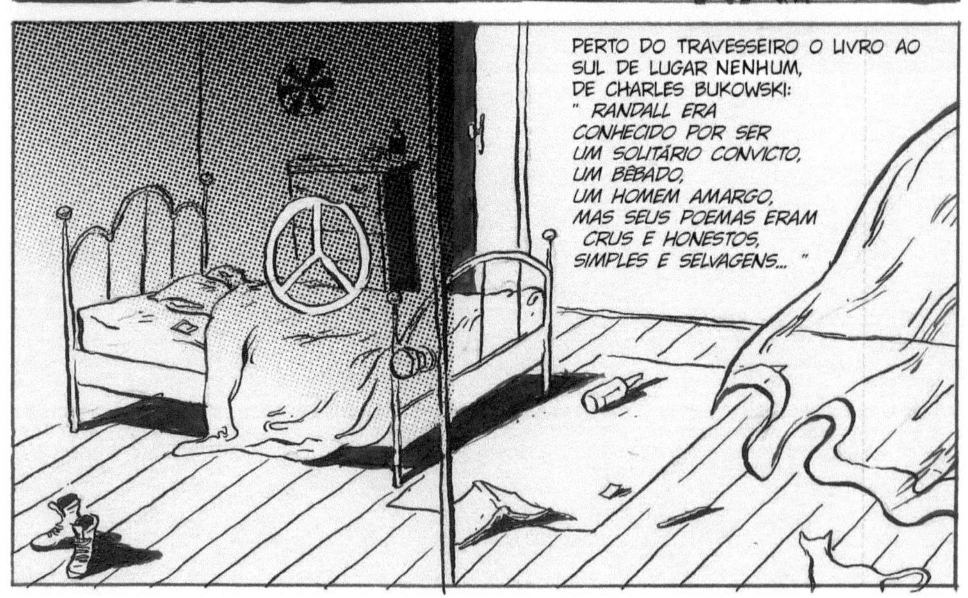

ERA UMA VIDA DE PEQUENOS SUICÍDIOS DIÁRIOS:

TROPEÇANDO EM AMORES DEIXADOS NAS GAVETAS
DO PASSADO

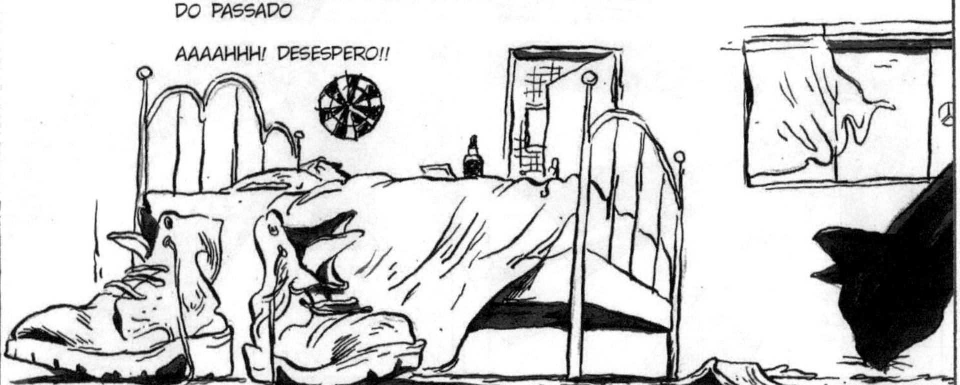

MORREU.
CORAÇÃO EXPLODIU, APESAR DA POUCA IDADE. VIROU UMA GELATINA DISFORME DENTRO DA CARNE ENRUGADA.
TINHA UMA AMANTE MAIS VELHA
A CADA 15 DIAS, O VISITAVA. ENTRE OS LENÇÓIS, ELA GEMIA, URRAVA, SUAVA, CHORAVA, RIA E FALAVA DE ETERNIDADE.
DEIXAVA SEMPRE DINHEIRO DENTRO DO AQUÁRIO... VAZIO DE ÁGUA E CHEIO DE PLANTAS DE PLÁSTICO
DEPOIS IA EMBORA PARA A CASA DO MARIDO EM SEU SEDÃ DOURADO.
MORREU. UM TUMOR PODERIA LEVÁ-LO MAIS TARDE UMA FACADA DE AMOR AO LADO DO BAÇO TAMBÉM. UM SUSTO, UM TIQUE, UM TECO.
MORREU. COMO MORRE UM INSETO CEGO DIANTE DA LUZ DO AUTOMÓVEL ANJO NO CHÃO DEPOIS DO PECADO. OS ANÉIS DE PRATA BRILHAVAM NOS DEDOS FRIOS E ENTREVADOS. UMA CANETA, CARTA DE AMOR POR COMEÇAR
O PAPEL EM BRANCO.
SIM, A MORTE ERA BRANCA COMO AQUELA FOLHA
INÚTIL, VAGA, VAZIA
INEXORÁVEL
VÁCUO SEM VOLTA

MORREU.
SEM PERDÃO PARA A
CULPA DOS OUTROS. NÃO
UM CANALHA, UM CRISTO,
UM BUDA
MAS POETA ENGANADO,
DESENGANADO. MITO DO
ROCK SEM COMPRIMIDOS E
SERINGAS

NÃO HAVIA VIDA HÁ MUITO
RASTEJAVA PELOS BARES
VOMITAVA PALAVRAS NOS ESGOTOS DOS
SARAUS.
ENFRENTAVA O HÁLITO DA MORTE
TODAS AS MADRUGADAS.
DEIXOU CICATRIZES EM DIVERSOS SEIOS
MORDIDAS INSANAS EM BATOM ROUGE
SINAIS CRAVADOS PARA SEMPRE
EM PELES LISAS E PERFUMADAS.

Pedaços de qualquer coisa

1
A métrica
só se dá bem
porque é proparoxítona...

2
sorveu
o resto do vinho
e voou prédio abaixo
sobrou o gosto do cimento...

3

o mundo segue seu relógio
enquanto o poeta para o tempo
num quarto de hotel...

4

pra você
é só poesia
pra mim
é vida…

5

não
não tenho medo de voar
foda-se a queda...

6

aumenta
o silêncio aí!

quero dançar
com meus mortos...

7

tenho ela
como poesia
tenho ela
          rock
tenho ela
          carne
tenho ela
          seda
tenho ela
          pele
tenho ela
          hora
tenho ela
          volta
tenho ela
          xote

tenho ela
            lua
tenho ela
como ela
se é que você me entende...

8
Aprendi
na porrada
que a vida
é isso aí...

9
régua
regra
nunca rimei...

10

minha namorada
tem namorado e namorada
minha namorada
namoradeira...

No fundo da retina

sei do teu desejo mais sujo
do teu orgasmo mais cru
sei da tua pele salgada
das tuas unhas venenosas
eu sei
sou teu anjo, tua vaga mentira
teu poeta, tua melhor rima
teu cheiro de carne perfumada
teu melhor prazer
sou eu
aquele a quem sempre mentirás
cuspirás, jogarás pedras
negarás tua própria verdade
eu sei
sou eu
teu melhor defeito...

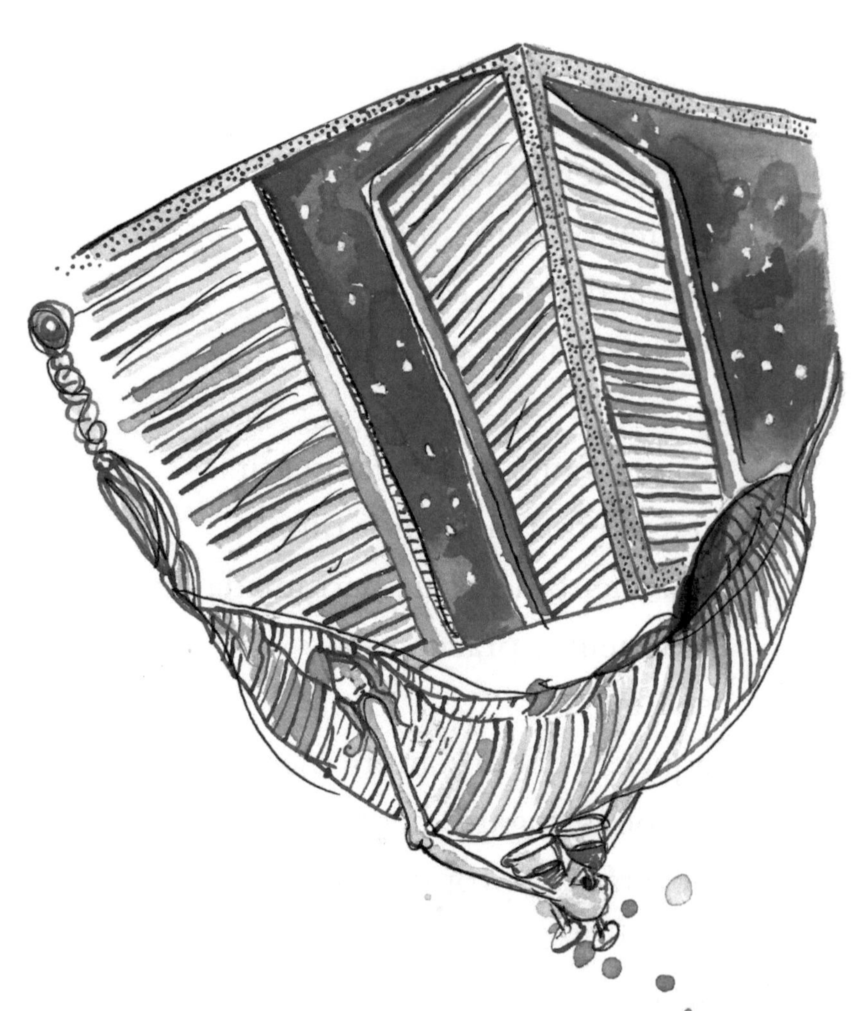

Sempre é pra sempre

mais que amor
adoração
coisa eterna
luz de estrela
(fascinação)

mais que beijo
entrega
encontro de alma
na rede amarela
(carícias em janela)

mais que juntos
únicos, unidos
coração e sangue
(música, aquarela)

mais que perfeitos
duas vidas
que caminham
lado a lado
desde que a terra
era somente bela...

Mimo

ela pula
no meu colo
feito garota
do roquenrou
me morde a nuca
lambe a língua

e sai por aí
mandando em mim...

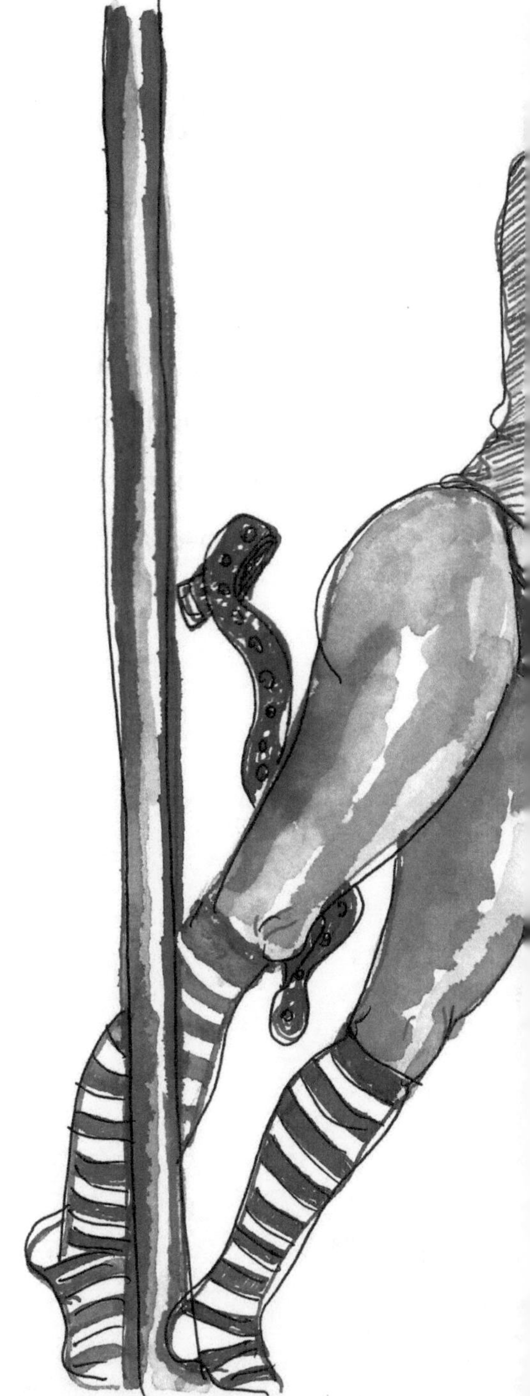

Celebration

caí de boca
em sua boca
nem parecia
meio-dia

na hora em que o céu
se abriu
me escondi
entre suas pernas...

1, 2, três

você quer rima
eu rimo
você quer rock
eu roll…

andei
com Jorge
em Minas
e Minas não existia
além de nossas saudades...

Disco arranhado

e o real
dilui-se em saudade
gota a gota
como se existisse
outro teorema
outra dimensão
que explicasse
sua falta

e a música destrói-se
nota por nota
acorde por acorde

um vácuo triste
invade o quarto
tudo começa a flutuar
menos sua falta
ela se prende ao coração
com unhas e dentes
lateja
pulso a pulso
tum-tum-tum

na parede azul-turquesa
um relógio mastiga o tempo
que se esvai com hora marcada

Seu Estrelo

calango
de estrelas nas unhas
voa tempo todo tempo
sobre mentes e cristais
parece que brilha, alumia
parece que brota, irradia

vista de mar e montanha
trilha de terra e sal
calango de sol
batuque azul de céu
maracatu, baque solto, virado
vermelho, preto na cara
retalho, pano rendado
bicho de Pernambuco
coisa do Cerrado

Ciranda

este é um poema só seu
pra você jogar fora
embrulhar um presente
até enxugar lágrimas

é só seu este poema

pra você ler em lua cheia
derramar vinho nas palavras
sentir fragrâncias e brisas
até colorir com batom

este poema é só seu

talvez nem leia
talvez queime
num momento de saudade
numa revolta contra paixões perdidas
mas este poema é só seu
e de mais ninguém…

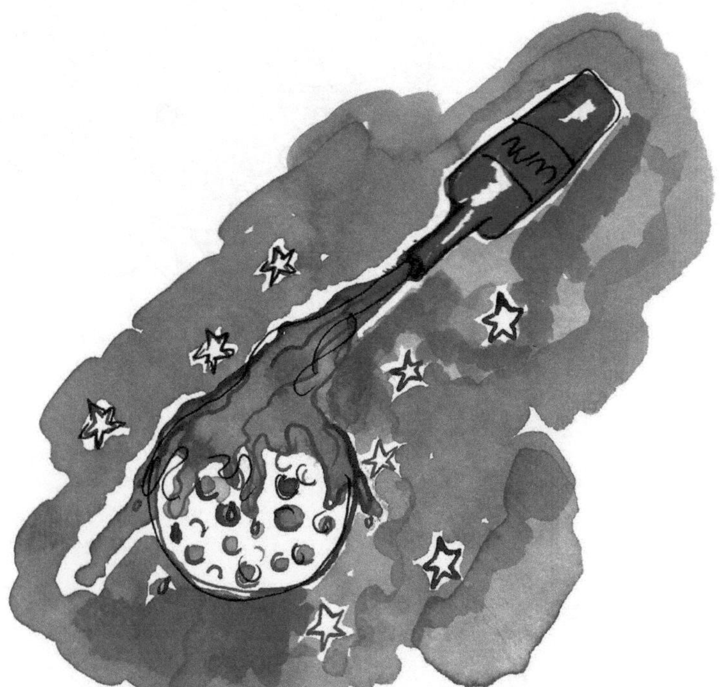

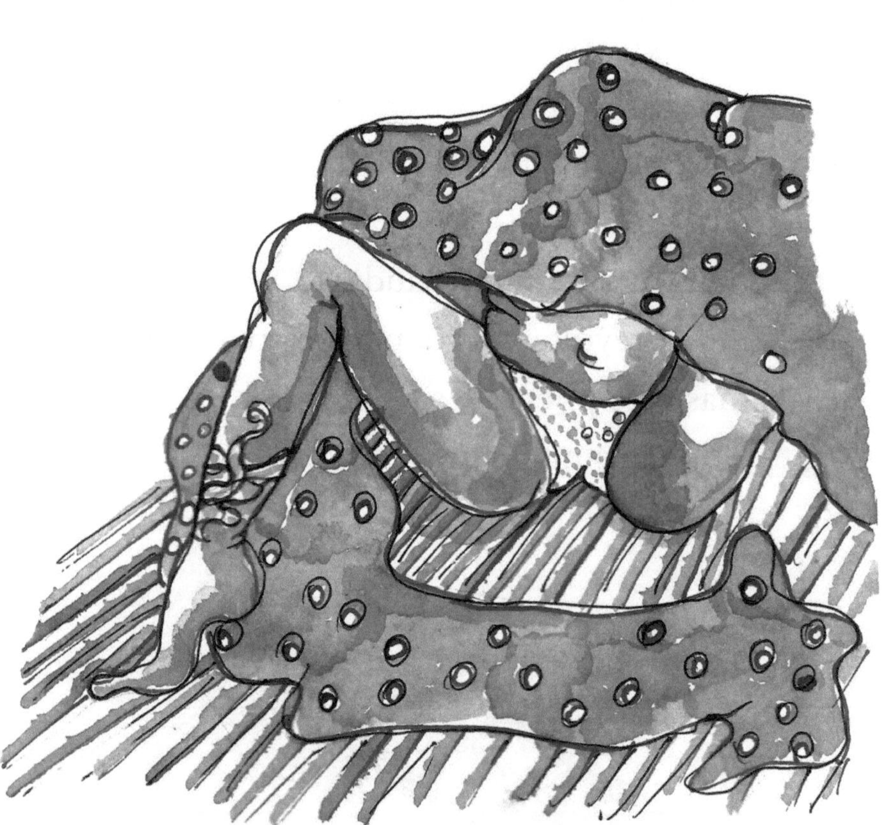

Hoje não tem cinema

mistérios existem entre suas pernas
nos caminhos da língua
pequenos pelos eriçados

a tatuagem parece se mover
é para ser assim
cheio de ontem, hoje
cheio de saudade, agora

seu suor penetra o lençol frio
seios rijos, unhas cravadas nas costas
e eu, príncipe desencantado,
morro lentamente
acorde por acorde
em seus lábios de vinho
e solidão infinita...

Homenagem

— Mas eu conheço Chico Alvim
— Não importa, sua poesia não passa

Autoestima-me

decifra-me
pelos testículos
despetála-me
com a língua
sou seu lírio plástico
seco, inodoro, lírico
planeta sem vida
cometa sem vulcão
solta-me
sangra-me
prenda-me
entre seus seios
pesa-me em partes: lágrimas e vísceras
arrepio por arrepio

lave-me com leite de rosas
pendura-me no pescoço
diga-me que me ama
para seu namorado

o melhor amor
nem certo nem errado
só o melhor amor...

Shopping

ela balança a bunda
morde o lábio
e desliza gostosa
pela escada rolante...

Testamento

quando morrer
vou embora
sem querer

lágrimas, pra quê?
ninguém vai saber

e
se alguém ligar
você dirá:
“ele foi ali,
mas vai demorar”...

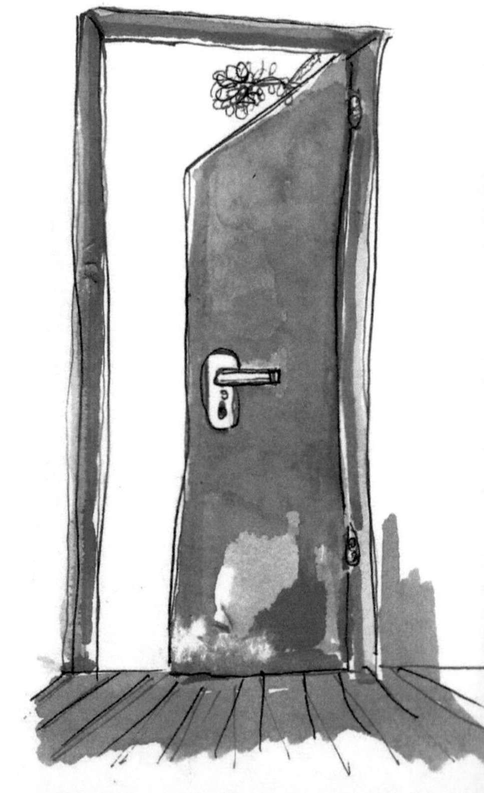

Domingo de sol

e eu, meio nublado,
a regar saudades…

PUNK
NOT
LIVRO

Tatuagem machucada

me deixaste
pó
coração
acelerado
dó
não ligou
o celular
só

decidi esquecer
rasgar retratos e saudades
não trocar a lâmpada
queimada do nosso quarto

cacos, sangue em poemas
discos do Led arranhados,
camiseta rasgada

nada, nada fere mais
que tua ausência

há uma carta no livro de Bashô
selada e fechada
uma carta que não dirá nada
além de adeus, “vá se fuder!”

o vento frio abre a janela
corta a alma como gilete
retalha toda a esperança
de te reencontrar

mas há lua lá fora!
há lua sobre as nuvens cinzas
há lua sobre essa melancolia

barba por fazer
pílulas no chão
o sal das lágrimas
marca a face esquecida

Cardiopatia
(ou réquiem para um velho punk)

Morreu numa madrugada quente.
a lua... talvez minguante

Ao lado, uma garrafa de vinho pela metade
a taça em cacos jazia no tapete cinza.
Perto do travesseiro
o livro *Ao Sul de Lugar Nenhum*,
de Charles Bukowski:
"Randall era conhecido por ser
um solitário convicto, um bêbado,
um homem amargo,
mas seus poemas eram crus e honestos,
simples e selvagens..."

Morreu
coração explodiu, apesar da pouca idade,
virou uma gelatina disforme dentro da carne
                                        enrugada.

Tinha uma amante mais velha:
a cada 15 dias, visitava-o.
Entre os lençóis, ela gemia, urrava, suava,
                                        chorava, ria
e falava de eternidade.
Deixava sempre dinheiro dentro do aquário
(vazio de água e cheio de plantas de plástico)...
depois ia embora em seu sedã dourado
para a casa do marido.

um tumor poderia levá-lo mais tarde
uma facada de amor ao lado do baço também
um susto, um tique, um teco.

Morreu
como morre um inseto
cego diante da luz do automóvel
anjo no chão depois do pecado.
Os anéis de prata brilhavam nos dedos frios
e entrevados
uma caneta, carta de amor por começar,
o papel em branco.

Sim, a morte era branca como aquela folha
inútil, vaga, vazia
inexorável vácuo sem volta

Morreu
diante do espelho silencioso
do quadro azul de Iolovitch
entre remédios e remorsos.

A vida é um clichê
uma mentira encenada no palco
para a plateia de medíocres —
só os medíocres sobrevivem tanto

Era uma vida de pequenos suicídios diários:
acordar, mijar, gritar o nome da melhor mulher
voltar para a cama
tropeçando em amores deixados nas gavetas
                                                            do passado
aaaahhh! desespero!!

Morreu
sem perdão para a culpa dos outros.
Não um canalha, um cristo, um buda
mas poeta enganado, desenganado
mito do rock sem comprimidos e seringas

não havia vida há muito
rastejava pelos bares
vomitava palavras nos esgotos dos saraus
enfrentava o hálito da morte todas as
madrugadas
deixou cicatrizes em diversos seios
mordidas insanas em batom rouge
sinais cravados para sempre
em peles lisas e perfumadas

morreu...
o sol vai nascer...
e as moscas lambem os olhos secos...

Lençol 1

entro
e
saio
vou
e
vaio

o seu jogo errado

corro
e
caio

Band-aids pelos joelhos e cotovelos
e um coração machucado...

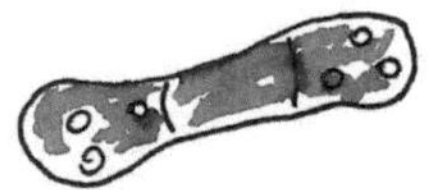

Lençol 2

poema
quer transar
eu transo
quer dançar
eu danço...

Aprendi a dormir em castelos de areia
E a me reinventar a cada maré cheia...

Minha magrela

as garotas
andam de bicicleta
pelo Eixão Sul
e eu pedalo
sem rumo
atrás dos seus perfumes e seus olhares...
sorrisos largados no asfalto

Jorrildo, Paulo César e o violão na praia

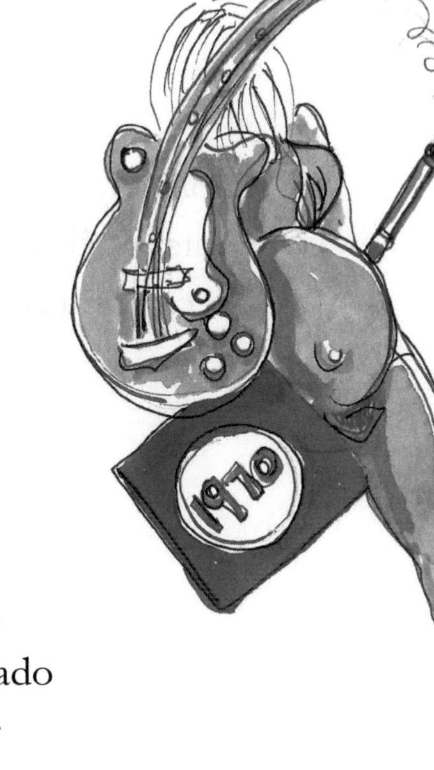

guitarras distorcidas
meio Mutantes
bem anos 1970
luz negra e incenso
dança coladinha
curvas de Leila Diniz
cabelos de Torquato Neto
fumaças de tantos cigarros
herói atômico, transistorizado
Lucy in the sky with diamonds
viagens no sofá vermelho, palhas e coqueiros

parece foto revelada ontem...

Clown

solidão… o palhaço
estava bêbado e
o carnaval acabado

Asa quase Norte

que inverno é esse?
durmo sem camisa
embrulhado em sua pele
que arrepia
toda vez que mexo
com a língua...

não era
nada
era pouco
quase água
quase lodo...

Vale da lua

ela gosta de poeira
vento, planta
cachoeira
água fria

eu gosto de cama mole
Coca-cola sem gelo
cinema no shopping
e livros do Kerouac

ela marca o corpo
com tintas coloridas
eu procuro a sombra
mas a gente
goza junto toda lua cheia...

Para a menina do Parque da Cidade

por que não me jogaste uma pedra?
mulher que habita meus melhores sonhos
por que me fizeste de nulo
caminhando entre pessoas tolas
sob um sol sem sombras?
por que não me beijaste em segredo
com um olhar, um leve toque?

que poeta sou eu?
que não enxerga as ondas dos teus olhos?
me culpo, me machuco

não adianta bater, coração
és apenas um pedaço de carne
cheio de cicatrizes, tatuagens e quartos vazios
não me perdoo...

Vicius

cuspo na sua cara
nada mais me resta
além da melancloia
que alimenta o ódio
dessa poesia...

Certidão

não sou poeta
de letras perfumadas
não quero sê-lo
prefiro palavras
que cortam pulsos
mordem línguas
sangram lábios...

Saudade

se era segredo
contei
se era vento
soprei

nem era rima
pra rimar
mas doía, doía
feito unha encravada
poema de Cruz e Sousa
cinema de Truffaut
valsa acelerada...

Vodca e vinho

Almodovei meu amor
Ela estava no papo
Alisava minhas pernas
Sob a mesa do bar
"jazz-amei"
bebop no primeiro encontro
acelerada pulsação
Minha conversa parnasiana
contra seu romantismo tonto
Nem era meia-noite — duas garrafas de
                    vinho sorvidas-perdidas
Eu queria suor, língua com língua
Ela pediu uma vodca (vodca com vinho?),

atendeu o celular, ensaiou uma lágrima e
foi embora
Terminei um Jacques Prévert
escrevendo em guardanapos tristes

A noite era uma velha que resmungava...

Bronquite

maria, com a mão
tirava a febre
enxugava o suor
 sentia o coração

ah, maria
maria que não dormia

maria santa
vela por mim
velho doente
de paixões e esquecimentos...

Estação

ouvi uma cigarra

romper a primavera

e eu ainda com essa cara

de inverno...

Pezão

Cangaceiro
do P Norte e do P Sul
mimeógrafo ambulante
de versos embotados de vodca e poeira
[melhor que morrer de tédio]
te via na Torre de TV
mastigando flores do cerrado
num filme de Glauber
entre Deus e o diabo

Ragga e renga
seu mac é mac navalha
ópera dos farrapos

minha última ponta
de Bic
índio do Cariri, replicante dos povos
Paiacus, Icós, Sucurus,
Ariús, Panatis, Canindés, Pegas, Janduis,
Bultrins e Carnoiós
xamã urbano
Passeia pela Rodoviária, entre pastéis e
caldos de cana,
camisa de algodão colorido e principesas
no coração

bússola barroca
naco de carne do bispo sardinha
só de perto a gente percebe seus olhos de
corisco
luz do sertão na praça do d.i.
bagana de angola
haxixe de aquidauana

paraibolando, paraibolado
música agalopada, martelo à beira-mar
cuscuz e rapadura
dente postiço e língua de ouro
homem da cobra, hipnotizador de multidão
muito prazer, Francisco Morojó, Pezão...

(José Carlos e Paulo Kauim)

Calma

conecto o toque
do teu toque
ao meu toque

toco o bico
do teu seio
com a ponta da língua

gasto o gosto
gosto do gosto

saliva e pele
amor e eternidade

meu castelo é essa cama...

1970

menino
escrevia poemas
nos muros da cidade

não há mais muros na cidade
nem menino...
e os poemas caem no chão
como cigarras suicidas...

1980

— Seus versos são toscos como os Ramones.
Eu sei...
— *Hey, ho! Let's go!*

Solidão

ele era normal
até começar a chorar no cinema...

Primavera

amor pequeno
como pardal...
coraçãozinho acelerado
e unhas sem esmalte...

Sarau

a lua anda pendurada
no céu. no lago norte
estrelas boiam…

(A Wilson Pereira, Jorge Ferreira
e Alberto Bresciani)

Vento frio

W3, chuva, solidão
a saudade espera
no ponto do ônibus…

Como se fosse Bandeira

o que gosto em você,
mulher minha,
é sua eternidade...

Definição

Amor é coisa de menino
que ama menina
ou mais ou menos assim...

Inverno

nuvens engolem estrelas
nesta época do ano
os anjos não voam

Hi-hop

enquanto o verbo
age
o adjetivo
sonha

Narciso

sou
tão
solto
que
não
volto

Silêncio

a saudade machuca
como abacates verdes
que quebram as telhas vermelhas
do meu coração azul

Antimilagre

Amar às vezes dá errado
vinho vira lágrima
e pop vira fado…

Mesa de bar

somos fantasmas de outras eras
poetas perdidos em eternidades
traçadas por suas próprias palavras
somos malditos, pecadores e santos
queimados em fogo vivo, jogados ao mar
somos líricos, podres e nobres
criaturas cuja a existência
não se encerra num poema escrito
numa efêmera folha de papel

Sublime vida

dois corpos entrelaçados
numa noite fria
a lua talvez brilhasse
sobre as nuvens de concreto
um anjo talvez caísse
do céu outra vez
culpa desses dois corpos
entrelaçados numa noite fria

era a vida mais perfeita
era a vida mais pura
fluindo desses corpos
que importa o mundo?

que importa a existência dos outros?
o instante do gozo sucumbia tudo
renovava a vida
como se esses dois corpos
renascessem do pó
do lixo humano do cotidiano

as línguas cúmplices
dormiam juntas
as pernas se confundiam
as mãos se uniam
numa energia incontida

orgasmos, espasmos, beijos
lágrimas de felicidade
os dois corpos entrelaçados
miravam estrelas de vidro

eram uma só alma
um só pulsar
um só coração
uma só respiração

lá fora, o que importa lá fora?
a vida estava ali
na sua essência
na sua infinitude
sublime vida
sublime vida...

Nuvens cor de chumbo e um continho

como foi legal aquela noite... bebemos uma garrafa de vinho... falamos de william carlos williams, de t. s. eliot, dos mandarins e das vidas loucas de dom pedro primeiro e dona leopoldina... uma conversa fiada. a lua, quase azul, nos acompanhava embrulhada em nuvens cor de chumbo. caminhamos de mãos dadas pela praça dos três poderes... ela queria porque queria "passear na praça dos três poderes" (coisa de jornalista)...

num banco distante, um grupo de estudantes cantava e dançava renato russo... "quando penso em alguém, só penso em você"... estava frio, apesar do gosto de vinho quente que insistia em nossas bocas e de nossos olhos vermelhos... ela, linda, soltou minha mão e fingiu voar... parecia uma bailarina pronta para subverter a gravidade e decolar do cimento úmido... ela era linda... pensei em milhões de poemas de amor para dizer... poemas-clichês sim, porque o amor é um clichê... bobo, lírico, embriagado, fantasioso, mentiroso e brincalhão... o amor...

do seu apartamento, conseguia ver um semáforo piscando um amarelo triste... outra garrafa de vinho... nos amamos no tapete mesmo ao som de charlie parker... havia uma vela acesa ao lado do incenso... uma cópia da sopa de andy warhol dormia triste na parede amarela... sua pele alva, alva como neve... neve no cerrado? sim, ela quente, doce e molhada como a neve de *las leñas*... nua, uma paisagem de dalí... minha menina mais querida com sardas nas costas magras...

já era madrugada quando deixei sua casa... liguei o carro e sapequei mick jagger, *"it's only rock and roll, but i like it"*... eu, que sempre me achei um rimbaud nordestino, não conseguia traduzir aquela noite de bergman... eu... estava com medo... felicidade é uma coisa estranha...